NIETZSCHE ET SON PÈRE

Du même auteur :

Le Bon Larron
roman
Orbe, Bernard Campiche Éditeur, 1987

L'immense solitude
avec Friedrich Nietzsche et Cesare Pavese,
orphelins sous le ciel de Turin
récit écrit et dessiné
Paris, PUF, 1999

Le chagrin d'amour
récit écrit et dessiné
Paris, PUF, 2000

Nervosité générale
chansons et poèmes
Paris, PUF, 2001

Humour
Une biographie de James Joyce
récit écrit (avec Yves Tenret) et dessiné
Paris, PUF, 2001

Première partie
Les Poissons sont tragiques
Fredi le prophète
Martin Luther, l'inventeur de la solitude
dessins et textes
Paris, PUF, 2002

FRÉDÉRIC PAJAK

NIETZSCHE ET SON PÈRE

*avec vingt et un dessins
de l'auteur*

Presses Universitaires de France

PERSPECTIVES CRITIQUES

*Collection dirigée
par Roland Jaccard et Paul Audi*

ISBN 21 30 536 530
Dépôt légal – 1ʳᵉ édition : 2003, mai

© Presses Universitaires de France, 2003
6, avenue Reille, 75014 Paris

Un père, un père ! je vous dis ! Maintenant...
Ah ! dame, maintenant il est là-bas, au fond
d'un trou réglementaire, dans ce délicieux
cimetière de Courbevoie, et nous allons nous
attendrir, j'en ai peur.

PAUL LÉAUTAUD, *IN MEMORIAM*

L'IMAGE DU PÈRE

J'ai peu de mémoire, et quand on me tient un long discours, j'oublie de quoi on me parle, confiait Socrate à Protagoras. Voilà une incitation à la brièveté, et peu m'importe qu'elle soit de la bouche d'un *géomètre du monde moral,* comme on l'a qualifié : j'en prends mon parti.

Il y a vingt ans, j'allai en Chine, pour la seule bonne raison qui vaille : la raison sentimentale.

Je me souviens des fins d'après-midi chaudes, dans le bourdonnement énorme du troupeau des vélos, auquel se mêlaient des motoculteurs, des autobus surchargés, des camions de l'armée et des taxis noirs aux ailes bombées. Sur le trottoir, les passants grouillaient par centaines, tous en uniforme bleu ou vert ; et ces têtes innombrables et imprécises dans le flot obéissaient au son des haut-parleurs de la police, disposés à chaque carrefour.

La police, c'était n'importe qui, et n'importe où, c'est-à-dire partout dans ce grand bloc d'air moite où *l'on ne parle plus que dans un chuchotis*, pour le dire à la manière de Mandelstam.

Lorsque la nuit tombait, on entendait les crapauds hurler leur chant d'amour et d'épouvante, à cette heure où les moustiques assoiffés partent au combat, juste avant que l'orage ne se prépare à briser les minces carreaux des fenêtres.

Je me souviens de ce peuple trop nombreux, ce peuple qui se tenait à tout instant devant moi, et derrière, à côté, en haut, en bas, assourdissant et taciturne à la fois, et d'où la solitude, la solitude d'être simplement seul avec soi-même, semblait à jamais inconcevable.

Dans les librairies, les employés dormaient sur le comptoir ; quant aux livres, il n'y en avait pas, ou si peu, et c'étaient partout et toujours les mêmes : *Le Petit Livre rouge* ou un traité des bienfaits du marxisme-léninisme.

Sur la rue, parfois, un homme devenu fou crachait ses insultes. Aussitôt un attroupement s'improvisait autour de lui, et très vite l'avalait.

Si l'on prenait la peine de s'échapper loin des villes pour gravir une montagne, il y avait ici ou là un petit temple taoïste où s'entassaient des objets de culte de bric et de broc, protégés par un curieux petit gardien à demi fou et à demi sage, avec trois poils interminables sur le menton. Il vous observait du fond d'un autre temps et, le moins que l'on puisse dire, c'est que ce temps se montrait désormais indéchiffrable.

La Chine était réduite au silence, quand bien même ce silence venait d'être troublé, durant quelques semaines, le long du célèbre mur sur lequel un jeune ouvrier électricien du nom de Wei Jingsheng avait, avec des milliers d'autres, réclamé la démocratie. Sa jeunesse, et combien plus que sa jeunesse, les dirigeants chinois la lui avaient ôtée en le condamnant à quinze ans de réclusion.

En ce temps-là, et si loin de là, la France avait changé de régime — enfin, elle s'en donnait l'air et se poudrait un peu la face pour ressembler, selon l'expression de Nietzsche, à une *macédoine socialiste*. Toute l'atmosphère se remplit de bons sentiments et de crédulité, et l'on entendit s'amplifier le murmure des courtisans, qui faisaient d'un « Tonton » rompu à la ruse et à la dissimulation rien moins qu'un nouveau Sauveur. Ce grand bruit pour si peu m'aurait fait sourire si je n'avais vu, de mes yeux vu, une part de ce même idéal égalitariste, *cette superstition des hommes égaux*, accomplie en un despotisme absolu, là, sur les larges avenues et jusqu'au fond des cours poussiéreuses de Pékin.

C'est ce même despotisme qui avait, quelques années plus tôt, inspiré les bons petits bolcheviks français, ceux-là qui aimaient, dans leur verbiage, se qualifier d'« intellectuels » et qui se pressaient maintenant avec pompe devant les ministères, dissimulant le drapeau rouge de leur timonier sous une rose stylisée pour mieux goûter à la louche les privilèges qu'ils avaient dénoncés.

À Pékin, je m'étais rendu à une réception donnée dans les salons de l'ambassade de France, à l'occasion de la visite du nouveau ministre socialiste des relations extérieures. Les invités étaient pour la plupart des industriels et des commerçants travaillant en Chine, et il y avait là par exemple les cadres de la société Elf-Aquitaine. Je me souviens de ce ministre : un homme minuscule, trop à l'aise dans la solennité de sa fonction, avec un je-ne-sais-quoi de napoléonien — en vérité, il sentait fort l'odeur du pouvoir fraîchement cueilli. Il tint des propos déprimants, rappelant à ses invités que jamais ils ne gagneraient un sou dans ce pays trop dur et trop grand pour eux, mais qu'ils devraient à tout prix tenir bon, au moins pour les miettes du prestige de la France dans le monde.

Durant toute la durée de son discours, il me regarda fixement, avec des yeux énormes, et les hommes de la sécurité firent de même, à l'affût du moindre de mes mouvements, comme s'ils étaient en présence d'un assassin imminent. Mais j'étais bien sage, debout, immobile. Mes yeux ne quittaient pas les siens, qui s'agrippaient aux miens : à quoi pensait-il, tout en parlant ? Et moi, à quoi pensais-je, en me taisant ? Aux marchandages peut-être, et à ces compromissions qui, forcément, devaient obscurcir son cerveau.

En fait, j'accompagnais un ami dont la fiancée, une jeune Pékinoise, venait d'être jetée en prison, pour le motif qu'elle l'aimait, et qu'il était un étranger. Mon ami demandait donc au ministre d'intervenir auprès des gouvernants chinois pour la faire libérer. Et, ma foi, ce ministre ne semblait pas insensible aux basses choses humaines, même si mon ami et sa fiancée n'étaient pas plus que deux boulettes de mie de pain qu'il roulait entre ses petits doigts experts.

Plus tard, d'autres ministres lui succéderaient. Ils viendraient à grands frais, accompagnés parfois de maîtresses somptueuses ou de filles payées pour les satisfaire. Affalés sur des fauteuils recouverts de draps blancs, dans un des pavillons de la Cité interdite, ils souriraient de bonne grâce ou fronceraient un sourcil incontrôlé face à des dirigeants aux visages depuis toujours impassibles. Ils se tiendraient bien au chaud entre eux, socialistes, communistes, libéraux, démocrates, affairistes ou que sais-je. Ils appartiendraient au vrai monde : le monde où tous les mots sont faux.

Ah ! les idéologies ! Je les aurais respirées, tout en me tenant à bonne distance, car on n'approche pas son nez de la marmite pour y faire cuire sa tête. D'ailleurs, rien ne m'a paru bon dans cette marmite. Je n'y ai trouvé que des sauces attachées et noircies, très loin de la vie, quand celle-ci veut bien rendre un peu de son eau généreuse.

Mais voilà, les idéologies sont là, et bien là, à faire leur croûte tout en se laissant chicaner par cette « fausse conscience » dont un marxiste trop sérieux donna tantôt une définition trop sérieuse. À quoi bon la nuance : tous les idéologues sont péremptoires, et c'est leur aplomb qui me rebutait, me rebute et me rebutera encore.

Vivre, je suppose, c'est oser douter de tout et ne pas laisser douter cette incertitude. *Ne croyez que ceux qui doutent*, ajouterait le subtil Lu Xun, qui déclara par ailleurs, à propos de la révolution chinoise : *Avant, nous étions esclaves. Maintenant, nous sommes les esclaves d'anciens esclaves.*

LE TIMONIER

C'est en Chine, dans cette Chine brutale et maoïstement antimaoïste de Deng Xiaoping, que je lus, dans l'ordre chronologique, les *Œuvres philosophiques complètes* de Friedrich Nietzsche. Chaque matin, assis sur un tabouret, dans une petite chambre nue de Pékin, j'allais dans l'épaisseur en zigzag de sa pensée irrécupérable. Elle avait inspiré cette expression à Theodor Adorno : *C'est une pensée qui traque inlassablement les racines de l'air*. Est-il besoin d'ajouter à quel point elle paraissait insolite, dans cette Chine « communiste » où certains mots conduisaient au bagne ?

Nous sommes de bons voyageurs, nous trouverons notre chemin même dans les broussailles, avait écrit Lou Salomé à Nietzsche. Il m'apparut qu'il fallait renoncer à bien des préjugés, autant qu'à des morceaux de soi-même, pour ne serait-ce que caresser ces broussailles. J'étais loin, très loin de toute la mauvaise doctrine manichéenne qui avait empoisonné ma jeunesse, et que j'avais détestée, et qui s'était fait entendre partout et à tout propos. Nietzsche, tout à coup, m'entraînait dans son continent périssable, dans un « Grand Soir » qui ne viendrait enfin jamais, un lendemain qui ne chanterait pas, bien trop occupé à faire gémir la vie, cette vie meurtrie par deux mille ans de morale. Et combien j'en apprenais sur cette morale ! Combien le christianisme nous l'avait infligée sans répit, jusque dans notre façon d'expirer en étouffant !

Devant cette bataille de Nietzsche, cette bataille aussi imprévue que démesurée, je réalisais combien j'étais de ce monde, chrétien dans ma chair, raisonneur dans mon sang et pourtant absolument impie, c'est-à-dire très ignorant des choses du Mystère. Et, puisque je ne savais rien ou presque de ce Mystère, je m'enquis *illico* d'un peu de *La Vie des saints*, avant de retomber en enfance dans *Les Écritures*. Et puis les apocryphes, les intertestamentaires et combien d'auteurs catholiques, de préférence les plus outranciers.

À Pékin, dans la bibliothèque de l'ambassade de France, je sortis de sa cachette l'*Histoire du*

Christ, de Giovanni Papini ; elle était à ce point jaunie que je l'ai lue avec un masque sur le nez pour ne pas en respirer l'âcreté.

Papini y suppliait Jésus de revenir sur terre immédiatement, c'est-à-dire en 1921.

Dans son avertissement, je remarquai en souriant qu'il s'adressait à Nietzsche, en le qualifiant de *pauvre Antéchrist syphilitique.*

NIETZSCHÉENNE MALGRÉ ELLE
ET MALGRÉ NIETZSCHE

De catholique en catholique, tout en m'empiffrant de psaumes, testaments et quantité d'apocalypses, je suis tombé un jour par hasard dans le bac d'un bouquiniste sur une biographie de Martin Luther et sur quelques morceaux choisis de son œuvre.

Luther ? Je n'en connaissais rien, ni son style violent et ordurier, scatologique à l'excès, ni ses doutes trempés au fond des grandes profondeurs de l'angoisse, ni non plus son antisémitisme — certains préfèrent le mot « antijudaïsme », qu'ils estiment plus convenable.

Un jeune adhérent du Parti national-socialiste dira, à propos d'Hitler qu'il entendait pour la première fois en 1922, lors d'un grand rassemblement : *On aurait dit un nouveau Luther.*

Il est vrai qu'Adolf Hitler ne cachait pas son admiration pour l'inspirateur de la Réforme, au point de le compter, avec Frédéric le Grand et Richard Wagner, parmi les rares hommes de l'Allemagne qui eurent grâce à ses yeux.

Antisémite, Luther ? Longtemps, il s'est abstenu de se disputer avec les Juifs, cherchant plutôt à les ramener par la persuasion sur son droit chemin théologique. Mais ceux-ci, dédaignant Jésus-Christ, préféraient attendre de pied ferme leur propre Messie, ce qui eut le don d'irriter Luther. Toutes ses tentatives pour gagner à lui ce peuple *issu de la semence des patriarches et des prophètes* échouèrent.

La solitude moderne de l'homme, dont Luther fut le grand inspirateur, se fonde moins sur le mépris de la vie que sur la terreur de la mort — une terreur qu'aucun ciel ne saurait distraire. La mort s'est alors présentée comme un désastre émotionnel irrémédiable. C'est pourquoi Luther n'a jamais connu l'apaisement ; aucun salut ne parvint à adoucir sa morbidité obsessionnelle.

Aigri, vieillissant, tourmenté et rempli de lassitude, le corps fortement grossi et délabré, il se suicida à l'âge de soixante-trois ans.

Peu avant, comme pour soulager son angoisse ou s'attirer les grâces au Jugement Dernier, il fit paraître trois courts pamphlets particulièrement violents à l'encontre des Juifs, dont le Dieu n'était, à l'entendre, qu'*un trou noir rempli d'excréments*, et la synagogue *rien moins qu'une truie*.

Ainsi écrivait-il, en 1542 :

Qu'on brûle leurs synagogues et leurs écoles, qu'on recouvre de terre et qu'on disperse ce qui ne veut pas brûler, afin que, pour l'éternité, plus personne n'en voie une pierre ou un reste […]

Qu'on détruise également leurs maisons, car ils y commettent les mêmes méfaits que dans leurs écoles. Qu'on les mette sous un toit ou dans une étable comme les bohémiens, pour qu'ils sachent qu'ils ne sont pas des seigneurs dans notre pays, comme ils se targuent de l'être, mais qu'ils apprennent qu'ils sont étrangers et prisonniers […]

Qu'on confisque tous leurs livres de prières et leurs exemplaires du Talmud, dans lesquels sont enseignés de tels mensonges, idolâtries, malédictions et outrages […]

Qu'on retire aux Juifs leurs sauf-conduits et qu'on leur interdise l'accès des routes, car ils n'ont rien à faire dans le pays, ils ne sont ni seigneurs, ni baillis, ni marchands […]

Qu'on leur interdise l'usure, qu'on confisque leur argent et leurs bijoux en argent ou en or, et qu'on les mette en dépôt […]

Qu'on mette entre les mains des Juifs et des Juives jeunes et forts le fléau, la hache, la houe, la bêche, la quenouille, le fuseau, et qu'on les laisse gagner leur pain à la sueur du nez [...]

Si cela ne sert de rien, nous devons les chasser comme des chiens enragés, afin de n'avoir part ni à leur infâme blasphème, ni à leurs vices, ni d'encourir, avec eux, la colère de Dieu.

Jusque-là, le problème de Luther avait été de convertir les Juifs à son protestantisme. Toutes ses tentatives ayant échoué, il décida d'élire les Allemands *unique et véritable Peuple de Dieu*; et cette prétention s'accompagna d'une jalousie féroce et bientôt indomptable envers les Juifs qu'il désigna comme des usurpateurs et, surtout, comme les assassins du Christ — tarte à la crème inévitable de l'antisémitisme chrétien.

Ce penchant à se faire passer pour le peuple élu, s'il fut encouragé parmi les sectes protestantes, se répétera dans la bouche de toutes sortes de dévots et prosélytes.

En 1915, le très catholique Léon Bloy revendiqua à son tour, cette fois pour les Français de Jeanne d'Arc, la faveur de succéder à Israël, au nom d'une soudaine prédilection de Dieu. Les croyants, Juifs compris, devraient s'agenouiller devant ce nouveau peuple élu de France et, tant qu'à faire, *manger le pain de ses chiens.*

Dans l'Allemagne du XVIe siècle, les insultes et les persécutions contre les Juifs étaient chose courante. Luther n'ignorait rien des synagogues incendiées et des autodafés, ni des ouvrages dirigés contre le judaïsme, comme par exemple celui de Johannes Pfefferkorn, intitulé *Je suis un petit livre, mon nom est Ennemi des Juifs,* ou celui de Nicolas de Lyre, *Contre la perfidie des Juifs,* ou encore *Victoire sur les Hébreux impies,* de Victor Porchetto de Salvatici.

Si Luther n'est pas l'inventeur de l'antisémitisme allemand, il en est au moins, de par son autorité et son influence, le propagateur déterminant. Cela, Nietzsche le savait — qui est né dans un milieu luthérien, d'un père pasteur et d'une mère issue d'une lignée de théologiens —, mais il ne lui en fit pas le reproche. Tout jeune, pendant les vacances, il visita en famille la maison de Luther ; la théologie du réformateur était, à l'évidence, son pain quotidien.

Plus tard, Nietzsche le jugera *rancunier et ergoteur,* pour avoir restauré l'Église, jamais pour ses pamphlets contre les Juifs. Il se montrera pourtant très hostile aux antisémites, à commencer par le mari de sa sœur, Bernhard Förster, agitateur raciste notoire, fondateur de la colonie « aryenne » *Neue Germania* au Paraguay.

Les déclarations par lesquelles Nietzsche rejette l'idéologie antisémite ne sont pas rares. Il s'inspire pourtant de cette idéologie lorsqu'il adresse pour la première fois une lettre à Richard Wagner. Évoquant les *misères politiques* des pauvres Allemands et leurs *désordres philosophiques*, il incrimine *l'invasion judaïque*. Il parle encore du *sérieux germanique de la vie*, incarné autant par Wagner que par Schopenhauer, et ajoute se sentir fermement attaché *à une considération approfondie de cette existence,* qu'il qualifie — avec combien de pressentiment — de *si mystérieuse et si inquiétante.*

Cette lettre est celle d'un jeune professeur de vingt-quatre ans, motivé par une trop forte vénération pour un homme de trente ans son aîné, célèbre et charismatique, qui voudrait débarrasser l'Allemagne de tout corps étranger. Nietzsche est intimidé par Wagner. Il se montre envers lui d'une politesse exagérée. Il est presque obséquieux. Acquiesce-t-il pour autant à l'ultranationalisme du compositeur ? Rien ne permet de l'affirmer, car un nombre considérable des lettres qu'il adressa à

Cosima Wagner ont été détruites par la fille de celle-ci, Eva, qui fut l'épouse de l'écrivain raciste Houston Stewart Chamberlain, lui-même à l'origine de différentes légendes calomnieuses dont souffre la réputation de Nietzsche.

Le théologien Franz Overbeck, qui fut l'ami intime de Nietzsche, se souvient que tous deux ne prirent jamais le sujet de l'antisémitisme au sérieux, le considérant comme *une mode des temps qui ne méritait guère qu'on s'y attarde*. Toutefois, il remarque que les jugements portés par Nietzsche sur les Juifs *surpassent tout antisémitisme par leur sévérité* ; et il ajoute : *Le fondement de son antichristianisme est essentiellement antisémite.*

Mode ou pas mode, l'antisémitisme était sur toutes les lèvres. Quand Erwin Rohde, autre ami proche, décrit le poète juif Siegfried Lipiner — que Nietzsche appréciait —, il parle de *son effrayant faciès de sémite*.

Si Nietzsche a noté : *Le chrétien, cette* ultima ratio *du mensonge, c'est encore une fois le Juif*, il s'est imaginé que les banquiers juifs — avec les officiers allemands — étaient les plus aptes à personnifier la *volonté de puissance*.

Et dans des notes qu'il a laissées, il confiait que c'est à des Juifs ou à des Juives qu'il dut presque tous les moments agréables dans les hasards de ses rencontres : *Les Allemands sous-estiment quel bienfait représente la rencontre d'un Juif...*

Le biographe Curt Paul Janz cite une lettre, datée du 29 décembre 1887, dans laquelle Nietzsche déclare sans ambiguïté son aversion pour les antisémites, n'acceptant aucun soupçon de quiconque sur ce point. Janz ajoute : *Le destin ne lui a pas laissé le temps de trancher, et l'on voit dans ses cahiers de cette époque les formulations les plus contradictoires se côtoyer, inconciliées, comme les témoins d'une lutte terrible et acharnée : une véritable aubaine pour tous les penseurs éclectiques en mal de justification !*

Selon Janz, en s'attaquant au christianisme, Nietzsche voulait peut-être *frapper à mort l'éthique juive, comme une « morale d'esclave », comme la morale d'un peuple opprimé n'ayant pas d'autre moyen pour accéder au pouvoir.*

Pour autant, le scrupule — ou le soupçon — tel qu'il est formulé par Janz ne tranche rien. Oui, le christianisme est une morale d'esclave, et certainement une morale des pauvres. Et il est d'abord la morale des Juifs pauvres, à commencer par le Christ lui-même, que l'on dit charpentier et fils de charpentier, c'est-à-dire prolétaire. Cela,

Nietzsche le sait. Il a beau en rajouter, répétant que le christianisme a *gagné à sa cause tous les ratés, tous les révoltés, tous les laissés-pour-compte, toute la lie, tout le rebut de l'humanité*, il n'en défend pas moins avec ardeur le Fils de l'homme. Il le défend contre ses disciples, contre tous les chrétiens, affirmant que le Christ est celui qui ne *croit pas* au christianisme : *Il n'y a jamais eu qu'un chrétien, et il est mort sur la croix […] Il est faux jusqu'à l'absurde de voir dans une croyance, par exemple dans la foi en la rédemption par le Christ, ce qui caractérise le chrétien : seule est chrétienne la* pratique *chrétienne, une vie telle que celle* vécue *par celui qui mourut sur la croix.*

Pour Nietzsche, vivre, c'est *ne pas croire*, puisque croire c'est faire mourir la vie. Il ne se contente pas de plaider pour le Christ : il va l'incarner, et incarner sa judéité. Il va donc se faire Juif, il va se faire Roi des Juifs, jusqu'à en perdre la raison, cette *raison* qu'il combat de tout son être.

M'a-t-on compris ? demande-t-il en conclusion de *Ecce homo*. Et il donne cette réponse : *Dionysos contre le Crucifié…* Peu de temps après, il signe ses lettres *Le Crucifié*, puis *Dionysos*. Dans son esprit gagné par la folie, Dionysos et le Crucifié ne font

RETOUR À LA PHILOSOPHIE GRECQUE

qu'un ; et dans cette figure hybride se mêle encore Prado, le jeune homme exécuté sous les yeux horrifiés de Gauguin, le 28 décembre 1888, devant la prison de la Petite-Roquette — Prado qui fit crier à la foule : *Vive l'assassin ! À bas la justice !*

Nietzsche est définitivement fou, à Turin, début janvier 1889, lorsqu'il envoie ces mots à Jakob Burckardt : *Je suis Prado, je suis aussi le père de Prado...*

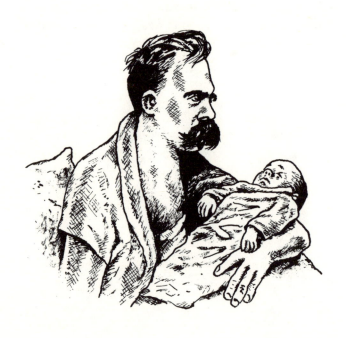

NIETZSCHE BERÇANT SON PETIT SURHOMME

À propos de folie : revenons quelques années plus tôt, en avril 1882. Nietzsche est à Rome, à l'invitation de son amie Malwida de Meysenburg. Elle lui présente une jeune Russe d'origine juive d'une vingtaine d'années, que l'on dit fille d'un général. Elle s'appelle Lou Salomé.

Voici une âme qui s'est fait un petit corps avec un souffle, fait-il remarquer à Malwida.

Dès qu'il a aperçu sa silhouette dans la basilique de Saint-Pierre, il a songé à l'épouser. Mais le regard de Lou, bien qu'admiratif à son égard, paraît exprimer une sorte de répulsion. Est-ce dû à sa moustache ? À ses yeux enfoncés et sombres ? Elle ne cesse d'examiner ses mains.

Lou boit ses paroles. Néanmoins il la sent animée par le goût de le contredire. Il y a un esprit trop scientifique dans ce corps souple et aguichant. Lorsqu'ils parlent de la sensualité, elle se rétracte, puis relance la conversation sur le sujet. Son ami Paul Rée, qui caresse l'idée de faire un ménage à trois, laisse paraître un peu de jalousie. Lou est désirable ; elle le sait et elle sait combien Paul la désire. Mais la désire-t-il autant que Nietzsche ?

En novembre, ils forment le projet de vivre tous trois à Paris. À peine Nietzsche se réjouit-il que Lou tombe malade. Elle manque de mourir, et se rétablit. Aussitôt, elle et Paul conspirent contre lui. Ils veulent le voir déguerpir, comme *l'ermite et le rongeur d'idées* qu'il est à leurs yeux. Ils l'accusent d'être fantasque, de manquer de rigueur. Ah, ils se sont bien trouvés, ces deux-là ! Et ils savent s'arranger sur son dos !

Nietzsche aime de manière trop exclusive. C'est pourquoi on l'aime si peu en retour. Il ne s'y entend guère dans cette mécanique qu'est l'amour. Plus Lou s'éloigne de lui, plus elle l'attire. C'est une lionne qui défend son territoire, et son territoire, c'est sa liberté d'agir à sa guise, et en toute circonstance. Lui est incapable d'une telle liberté. S'il lui fallait se comparer à une bête, il serait un chien, comme Diogène ; avec cette nuance qu'il ne cherche pas un homme, mais une chienne.

Paul Rée a l'allure sévère d'un ecclésiastique ; c'est pourtant un garçon capable de rire de lui-même et en toute compagnie, contrairement à Nietzsche qui affecte souvent la bonne humeur et que les gens du peuple effraient. D'où vient son aversion pour les blagues des braillards dans les tavernes — et pour les classes inférieures ? De son cher père peut-être. Il est vrai qu'un pasteur ne fait pas rire. Pourtant, Nietzsche se souvient de ses gestes de fou et de certaines grimaces qui le faisaient paraître presque cocasse, peu avant sa mort, lorsque son cerveau « ramollissait ».

Nietzsche, à son tour, amusera les badauds à ses dépens — comme Kafka, qui fera des grimaces au grand jour, incapable de se dominer devant un cheval au genou ensanglanté.

La mère et la sœur haïssent Lou. Elles la trouvent sale et dépravée et font tout pour l'éloigner de lui. Jamais elles n'admettront qu'une femme le serre dans ses bras : la seule épouse convenable serait encore une prostituée.

Nietzsche ne boira ni cognac ni punch en bavardant avec Lou sous les arbres, comme il en a rêvé ; maintenant tout espoir de gagner son affection est définitivement perdu. Il ne reste que lui et lui, et l'irrépressible envie d'en finir avec la

DÉPRESSION NERVEUSE À RAPALLO

vie. Il a mal à la tête. Il sent la folie le gagner, une folie douloureuse qui lui rappelle exactement celle de son père chéri.

C'est curieux : l'excès d'opium le ramènerait presque à la raison ! Son instinct de vie trouve dans la détérioration une inspiration nouvelle ; et voilà que le chagrin et la lassitude lui donnent des ailes ! Pauvre Lou et pauvre Paul, ils ne le méritent pas. Pour se venger, il va enfanter un héros dont il sera à la fois le père et la mère. Il l'appellera *Zarathoustra*, du nom d'un fondateur de religion perse — il n'a peut-être aucun humour, mais il excelle dans la parodie. Son « fils » parlera le langage d'un Bouddha — un Bouddha nourri au sein biblique. Il sera une sorte d'*Antéchrist* atteint de logorrhée, qui mêlera dans sa bouche la bonne vieille parabole au poème épique. À ce fils, il prédit un grand avenir : il sera le prophète d'une nouvelle religion dont les disciples proclamés seront aussitôt répudiés, à l'image de Nietzsche qui voudrait être *un homme pour tous et pour personne*.

Zarathoustra est né sur un chemin près de Portofino, durant cet hiver de solitude absolue. Nietzsche habite Rapallo, un modeste port non loin de Gênes. Le soir, il entend les pêcheurs chanter devant sa fenêtre ; et la nuit, le bruit des

LE PETIT ZARATHOUSTRA AVEC SES PARENTS,
FRIEDRICH ET LOU

vagues l'empêche de trouver le sommeil. *Terrible crise. Je méprise la vie*, a-t-il confié à Lou.

Pour survivre, il a besoin d'inventer un « surhomme ». Il écrit son *Zarathoustra* comme une mère allaite son enfant et promet d'en rédiger au moins six volumes.

L'ombre de Lou plane sur lui, et plus elle assombrit ses pensées, plus sa mère et sa sœur le persécutent : *Jamais la bouchée de vie qu'elles me font mastiquer n'a été plus coriace*. Il ne dort plus. Ni les somnifères ni les longues marches d'au moins six heures ne parviennent à l'apaiser.

Il le sait : s'il a accouché de *Zarathoustra*, Lou en est le véritable géniteur. Mais pour son malheur, elle refuse d'adopter celui qui devrait être son enfant !

Février 1883. Quelle coïncidence ! À l'heure où ce fils vient au monde, Nietzsche apprend la mort de Wagner à Venise. Toutes les gondoles de la ville ont suivi la dépouille sur le Grand Canal. Autre coïncidence : Wagner avait exactement l'âge de son père. Qui sait ? peut-être était-il son fils, songe-t-il — un fils terriblement parricide, aimant autant ce père qu'il haïssait toute emprise sur lui. Leur amitié s'est moins terminée dans le sang que dans la boue : un temps, Nietzsche a cru que Wagner l'accusait de pédérastie. En vérité, ce dernier avait laissé courir le bruit que Nietzsche était atteint d'un mal plus honteux encore : l'onanisme. Qu'à cela ne tienne, à présent la mort de Wagner lui arrache des larmes. Pire, elle le rend malade.

Peu auparavant, Nietzsche avait amené Lou à Triebschen, au nord de la Suisse, devant la maison des Wagner. Là, au bord du lac, sous les peupliers immenses, il n'avait pu réprimer son chagrin : les jours heureux avec Richard et Cosima ne reviendraient plus.

Comme le monde est petit : Lou, de son côté, ne s'était-elle pas mise à genoux devant le vieux sorcier de Bayreuth, en lui baisant les mains ?

Maintenant, Nietzsche rompt avec Paul Rée : trop de malentendus entre eux. Paul lui apparaît insidieux, menteur et fourbe : *Ce professeur de morale mériterait une leçon avec une paire de pistolets*. De plus, il raconte que Nietzsche est inconstant, voire fou.

Quant à Lou, impossible de l'oublier, malgré la douleur qu'elle attise en lui. Elle est d'un égoïsme inouï. Si Nietzsche n'était pas un adversaire de la morale, il la ferait enfermer dans une geôle ou un asile, pour son *immoralité*. Elle est pourtant le seul être qui lui manque. Il a le cœur glacé ; il se répète qu'il n'est bon à rien, qu'il est vain d'entreprendre quoi que ce soit et que son *Zarathoustra* n'est qu'une folie de plus.

L'imprimeur préfère mettre sous presse un demi-million de recueils de cantiques et des brochures antisémites plutôt que d'achever son livre.

Nietzsche, qui paraît venir d'un pays où personne n'habite, a soudain une folle envie de disparaître quelque part où le soleil brille encore : en Espagne, en Tunisie, pourquoi pas au Mexique ? Il se retrouve dans les Alpes, à Sils-Maria, sous la pluie et la neige en plein mois de juin. Là, il entreprend la seconde partie de *Zarathoustra* dans un état psychique proche de l'explosion. Sa sœur Elisabeth poursuit son entreprise de démolition contre lui. Non contente d'avoir écarté Lou, elle la calomnie encore ; et c'est Nietzsche qu'elle atteint à travers cet acharnement. Elle le pousse à tel point dans ses derniers retranchements qu'il craint qu'elle n'ait raison de lui, qu'elle le rende fou.

Comble de perfidie, cette sœur, qui l'a poussé à rompre avec le Juif Paul Rée et la Juive Lou, s'entiche de l'antisémite Bernhard Förster.

Cet automne 1883, Nietzsche séjourne plus d'un mois à Naumburg, dans son *horrible Allemagne où le ciel n'est qu'une caricature,* avant de repartir pour

Gênes. Il a eu si mal à la tête qu'il a remplacé, sans avis médical, le chloral hydraté par le kali phosphaté. Résultat : aucune amélioration.

Début décembre, il s'installe à Nice et achève la troisième partie de *Zarathoustra*.

Avant Noël, il est à Venise ; l'été il part pour Bâle, Zurich, la Suisse italienne et, pour la troisième fois, il retourne à Sils-Maria. Aucun climat ne convient et ne conviendra jamais à sa santé nerveuse. Il retrouve Nice en hiver où il écrit la dernière partie de *Zarathoustra*. Ne trouvant pas d'éditeur, il le publie à ses frais au printemps 1885, à quarante exemplaires, dont il ne comptera que sept lecteurs.

N'est-ce pas étrange : lui qui n'est qu'*un bouffon et un poète*, sans amour, entouré de si peu d'amis, sans foyer, errant de pension en pension, souffrant le martyre des yeux et de la tête, il se sent tout à coup comme un nouveau maître de l'humanité. Mieux : comme une *fatalité*. Il est convaincu que ses intuitions à propos du bien et du mal briseront bientôt le cours de l'Histoire, cette Histoire qu'il sent dans sa main comme de la cire molle. Il se veut celui qui dicte les nouvelles valeurs pour les mille ans à venir. En attendant, il envoie son *Zarathoustra* aux rares personnes susceptibles de l'entendre. Nul ne comprend ce livre, pas même le trop fidèle Peter Gast qui voit là une nouvelle Bible écrite sous la plume d'un nouveau Christ.

Nietzsche a quarante ans. Il est seul : *Je suis la solitude faite homme*, dira-t-il. La folie menace, pareille à une main froide qui caresse son crâne. *Zarathoustra* devait être une répétition générale, mais le public invité n'est pas venu.

Plus tard, Nietzsche reniera son fils pour se mesurer à son seul véritable rival, celui qu'il n'a cessé d'aimer et de haïr, son frère jumeau, son miroir : Jésus-Christ.

Deux sauveurs vont s'affronter à mains nues : Nietzsche, l'inverseur de toutes les valeurs, déguisé en *Antéchrist*, contre Jésus, le prédicateur de l'amour du prochain. De ce combat mortel, ils sortiront tous deux vaincus : le premier, trahi, supplicié sur la croix, abandonné par son père ; le second, absent à lui-même et aux autres, livrant cette confession : *Tous les hommes que j'ai connus, je les hais indiciblement, y compris moi-même !*

AU COMMENCEMENT ÉTAIT LA PSYCHOLOGIE

La folie ne dit rien qui ne soit jugé fou. Elle a cependant son mot à dire. Et si Nietzsche, en combattant le Christ, s'identifie à lui, il se compare aussi à Dieu lui-même, à ce Dieu qu'il disait avoir tué il y a longtemps. Mais qui ne se prend pas pour Dieu, un jour ou l'autre ? *Je ne vois partout qu'obscurités*, confiait Pascal. *Croirai-je que je ne suis rien ? Croirai-je que je suis Dieu ?*

Et Nietzsche : *Même le prêtre est en un certain sens Dieu et retourne à la divinité.* Ce n'est pourtant plus un Dieu vengeur ou miséricordieux ni un prolétaire de l'Antiquité qui l'inspirent : c'est maintenant l'homme seul, définitivement seul et angoissé, tel que l'a inventé Luther et tel que le prêchera, trois siècles plus tard, un pasteur dans le village de Röcken, en Thuringe.

Ce pasteur, c'est Karl Ludwig Nietzsche, le père de Friedrich.

Dans un de ses premiers textes intitulé *Sur ma vie*, terminé en quelques jours à l'âge de quatorze ans, Nietzsche décrit son père *doué d'esprit et de cœur, pourvu de toutes les vertus d'un chrétien*, et ajoute qu'*il vécut une vie paisible, simple mais heureuse, et était aimé et estimé de tous ceux qui le connaissaient*.

Friedrich n'a pas quatre ans lorsque ce père, son *père chéri* comme il l'appelle, *est soudain atteint de mélancolie*. Plusieurs médecins s'efforcent de trouver l'origine du mal, avant que l'un d'eux ne diagnostique un ramollissement cérébral.

Nietzsche raconte :

Mon père dut supporter d'incroyables souffrances. La maladie ne voulait pas reculer, au contraire elle croissait de jour en jour [...] Il s'éteignit dans la douceur et la paix le 27 juillet 1849 [...]

Quoique je fusse encore très jeune et inexpérimenté, j'avais pourtant déjà une idée de la mort. La pensée d'être à jamais séparé de mon père s'empara de moi et je pleurai amèrement. Les jours suivants passèrent entre les larmes et les préparatifs de l'enterrement. Mon Dieu voilà que j'étais orphelin et que ma mère était veuve [...] Quand on prive un arbre de sa couronne, il se dénude et flétrit, les oiseaux quittent ses branches. Notre famille était privée de sa tête, et une tristesse profonde s'empara de nous.

Jusqu'à l'âge de vingt ans, Nietzsche rédige six courtes autobiographies — et les six ont pour titre *Ma vie*. Il relate plusieurs fois le deuil de son père, ajoutant ici ou là une variante :

Même si je ne saisissais pas totalement l'ampleur de la menace, l'atmosphère de tristesse et d'inquiétude dut faire sur moi une impression des plus troublantes. Les souffrances de mon père, les larmes de ma mère, les mines soucieuses du médecin, les expressions mal avisées des gens du pays devaient me faire pressentir l'imminence du malheur. Et, de fait, le malheur finit par s'abattre sur nous. C'est de cette époque funeste, lourde de conséquences, que ma vie prit un cours différent.

Dans une autre version, il précise :

Je passe sur ma douleur, mes larmes, les souffrances de ma mère, la profonde tristesse du village. C'est surtout l'enterrement qui me remplit d'émotion. Le son sourd des cloches mortuaires me fit frissonner jusqu'à la moelle des os. D'abord je sentis que j'étais orphelin, privé de père, que j'avais perdu un père adorable. Je garde dans mon âme son image vivante : une haute silhouette mince, avec un visage aux traits fins, exprimant la bienveillance. Apprécié de tous et volontiers reçu, tant pour sa conversation pleine d'esprit que pour sa cordialité et sa compassion, aimé et respecté des paysans, il accomplissait sa tâche de pasteur en répandant le bien par sa parole et par ses actes. Il était dans sa famille le plus tendre des époux, le plus respectueux des pères. Il était le modèle accompli, l'image parfaite d'un pasteur de village.

Vingt-sept ans plus tard, à quarante-quatre ans, peu avant de perdre la raison, Nietzsche achève son ultime texte autobiographique, intitulé avec malice *Ecce homo*, et sous-titré judicieusement *Comment on devient ce que l'on est*.

Une fois de plus, il écrit :

Je tiens pour un grand privilège d'avoir eu un tel père : les paysans devant qui il prêchait [...] disaient de lui : « C'est à cela que doit ressembler un ange ! »

Trois lignes plus loin, à propos de sa mère et de sa sœur, il change de ton. C'est que, en cette fin d'année 1888, l'heure est venue de faire parler la grande émotion. Il écrit à l'encre de la folie qui s'approche, et c'est dans le passage du troisième paragraphe du chapitre *Pourquoi je suis si sage* qu'il va faire entendre sa terrible confession.

Comme un coup de théâtre, il voudrait juguler en quelques phrases toute la frustration, toute l'amertume et toute la haine qu'il a si longtemps gardées au fond de lui.

LE SURHOMME À L'ENTRAÎNEMENT

Attardons-nous un instant sur la publication de ce passage : elle est miraculeuse.

Peter Gast, le trop fervent disciple de Nietzsche, a pris l'habitude de recopier les manuscrits de celui qu'il tient pour son maître à penser. En même temps que Nietzsche, il relit et corrige les épreuves de l'imprimeur. Lorsque Gast est chargé d'établir la copie de *Ecce homo*, il ressent par endroits *une impression d'excessive auto-exaltation, voire de mépris et d'injustice allant nettement trop loin.* Ces lignes, qu'il qualifie d'*extravagances*, il décide dans un premier temps de ne pas les recopier pour lui. Mais il n'en détruit pas l'original. Celui-ci restera chez l'imprimeur, rangé dans une armoire.

De leur côté, quatre ans après l'effondrement de Nietzsche, sa sœur et sa mère, en possession du manuscrit complet destiné à la publication, détruisent plusieurs pages, et en particulier ce

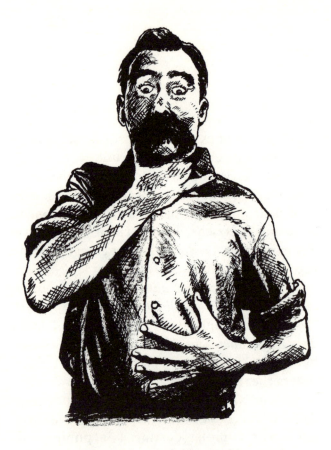

NIETZSCHE SONGEANT À SA SŒUR ELISABETH

troisième paragraphe qui constitue, il est vrai, un jugement cruel et définitif à leur endroit.

Or, un an plus tôt, au début de février 1892, Gast avait retrouvé l'original dans l'armoire de l'imprimeur. En l'envoyant à la sœur de Nietzsche qui l'exigeait, il lui suggéra même de le détruire, et fit ce commentaire : *Bien qu'il soit évident qu'il a déjà été écrit en plein délire, il y aura toujours des gens pour dire : c'est justement pour cela qu'il est significatif, car les instincts s'y expriment sans réserve et en toute sincérité.*

Gast ne croyait pas si bien dire, ni si bien faire, puisque, comme poussé par un scrupule irrépressible, il prit soin d'en faire une copie qu'il conserva dans ses papiers personnels. On sait le caractère par trop admiratif de ce disciple de Nietzsche, et son effroi devant ses exubérances, on sait aussi sa soumission — pour un temps du moins — à la sœur tyrannique, il n'empêche que c'est à sa tergiversation que nous devons de pouvoir apprécier ces lignes.

Ces lignes, relisons-les :

Quand je cherche mon plus exact opposé, l'incommensurable bassesse des instincts, je trouve toujours ma mère et ma sœur — me croire une « parenté » avec cette canaille serait blasphémer ma nature divine. La manière dont, jusqu'à l'instant présent, ma mère et ma sœur me traitent, m'inspire une indicible horreur : c'est une véritable machine infernale qui est à l'œuvre, et cherche avec une infaillible sûreté le moment où l'on peut me blesser le plus cruellement — dans mes plus hauts moments... car aucune force ne permet alors de se défendre contre cette venimeuse vermine...

Ici, Nietzsche parle sans détour, et nous savons cette franchise en proie à une irritabilité exceptionnelle, et combien on y pressent l'issue désastreuse. Les mots sont là et, quoique certaines lettres à sa mère et sa sœur annoncent sans ambiguïté ce règlement de comptes, Nietzsche ose dire, du moins écrire, ce qu'il taisait jusqu'ici. Ne l'oublions pas : son éducation est tellement stricte et conformiste que jamais elle ne lui permit de s'exprimer avec spontanéité.

Plus jeune, il voulut croire à la parole contre l'écrit — ces pauvres mots couchés sur le papier qui lui faisaient conclure ses lettres d'une formule de politesse affectée : *Ton fils qui t'aime de tout son cœur* ou *Ton frère Fritz qui t'aime.*

Maintenant il en va autrement ; il lui faut en découdre avec cet obsédant problème de l'amour filial. C'est pourquoi il renchérit : *C'est avec ses parents que l'on a le moins de parenté : ce serait le pire signe de bassesse que de vouloir se sentir « apparenté » à ses parents.*

Nous pourrions, à l'instar de Peter Gast, mettre ces mots sur le compte d'une euphorie vengeresse incontrôlable ; cela n'explique pas ce qu'ils laissent entrevoir, à savoir la profondeur d'une blessure ; et cette blessure est paradoxale. En effet, quand bien même Nietzsche le voudrait, il ne *peut pas* tout dire. Il règle ses comptes avec sa sœur, avec sa mère, avec ce qu'il nomme ses « parents », mais jamais il ne juge ni ne condamne son père.

NIETZSCHE ET SA MAMAN

Ne pas tout dire ne signifie pas ne rien dire. Nietzsche est passé maître dans l'art de parler à mots couverts. En cette année 1888, fâché avec sa sœur, il voudrait rompre avec sa mère, la « femme du pasteur », qu'il surnomme *ma petite Thorine* — allusion au dieu nordique du tonnerre. Il redoute son jugement, tandis que ses préoccupations sont de plus en plus antichrétiennes. Il écrit *L'Antéchrist,* cette *Imprécation contre le christianisme*, et s'identifie sans détour à ce Christ inversé.

Il a lu Ernest Renan, et en particulier *L'Antéchrist*, daté de 1873, quatrième livre de l'*Histoire des origines du christianisme*. Comme dans *L'Apocalypse* de Jean, qui est un texte considérable aux yeux des anabaptistes et des protestants, l'*Antéchrist* de Renan apparaît sous les traits de Néron, dont la carrière est rapportée selon Suétone. Nietzsche se souvient comment l'empereur romain

NÉRON S'APPRÊTANT À TUER SA MÈRE

s'est acharné contre sa mère Agrippine, agacé de la voir toujours exercer son autorité sur ses paroles et sur ses actes. D'abord il tenta de la faire disparaître en piégeant son plafond. Puis il sabota son navire, et trois fois il chercha à l'empoisonner — elle se prémunissait d'antidotes quand il la conviait à sa table. Enfin, il parvint à la faire assassiner.

Madame Nietzsche ne peut ignorer la violente allusion que son fils lui inflige. Elle ne peut non plus lui en faire le reproche, car ce serait admettre une guerre ouverte. Elle et lui vont en rester là, ravalant chacun sa salive.

À défaut de pouvoir tuer son père, Nietzsche s'est risqué à tuer sa mère métaphoriquement, lui rappelant peut-être que Néron était orphelin à l'âge de trois ans, d'un père sanguinaire, adultérin et incestueux, qui ne vit dans le fruit de son union avec Agrippine *rien que de détestable et de funeste à l'État.*

PREMIÈRE INVERSION DE TOUTES LES VALEURS

Si nos vies s'avancent dans le monde comme des vagues, des vagues chargées d'écume poisseuse et de détritus, elles ne font que s'agiter sur la surface de la mer avant de mourir en roulant sur le sable.

Toute vie vient échouer, toute vie est un échec ; et c'est sa vocation. Mais toute vie espère échapper à cette fatalité. Elle voudrait rester une belle vague éternelle sous la caresse du soleil et du vent. Et c'est pourquoi elle s'invente un art ou une philosophie, qui ne sont jamais que l'expression plus ou moins réussie de cet échec programmé. Quoi de plus beau, quoi de plus désespéré qu'un art et une philosophie réussis de l'échec ?

Notre échec a besoin coûte que coûte d'avoir ses visions et ses mots à lui. Il doit pouvoir répandre son langage. Ainsi, nous façonnons nos énormes névroses en toute conscience — au moins le croyons-nous ou feignons-nous de le croire. Avant de disparaître, nous grandissons en riant à pleine bouche et en pleurant toute l'eau de la pluie. Nous nous croyons tour à tour et le calme plat et la mer dans la furie ; nous ne sommes jamais qu'une risée qui s'agite sur le dessus de l'eau. Et c'est le vent, toujours le vent, qui nous agite ou ne nous agite pas. Ce vent, nous y croyons, croyant peut-être qu'il est l'haleine d'un dieu, ou d'un diable ; nous avons tellement besoin de surnaturel ! Et nous nous battons comme des chiffonniers pour mériter ce vent, ou pour en avoir davantage, voire encore pour le commander.

Baudelaire y songeait, avec sa méchante candeur : *Il n'y a de grand parmi les hommes que le poète, le prêtre et le soldat, l'homme qui chante, l'homme qui bénit, l'homme qui sacrifie et se sacrifie. Le reste est fait pour le fouet.*

Nietzsche, quant à lui, a réussi à échouer en beauté. Il a réussi à philosopher, en débordant le vague des mots pour parler au-delà des vagues, au-delà de sa propre disparition. Mais il a échoué là où précisément il dit avoir réussi.

La tâche qu'il s'est fixée se résume en ces mots : il veut sauver le monde. Et d'abord, il voudrait sauver son pays, l'Allemagne ; le sauver *par la magie sublime et redoutable de l'art authentiquement allemand.*

Il voudrait sauver la civilisation, qu'il définit comme étant *avant tout l'unité du style artistique à travers toutes les manifestations de la vie d'un peuple* — la barbarie exprimant *l'absence de style ou le mélange chaotique de tous les styles.*

Sauver le monde, c'est d'abord se sauver soi-même, et c'est, en quelque sorte, se sauver du monde. Nietzsche le sait bien, et très tôt il pressent, à propos de l'esprit allemand, que celui-ci pourrait s'extirper du corps allemand, le laissant là, dans le vide du monde, comme un corps qui ne servirait à rien. Serait-ce dire que l'esprit peut exister hors du monde ? Nietzsche, dans sa furie contre Hegel, sa furie contre la raison et les raisonneurs, n'est pas loin de le penser, ou plutôt de le *ressentir*, car il *ressent* le monde, et il le ressent tel un corps malade, un corps qui aurait perdu la tête.

LA PHILOSOPHIE...

À propos de tête : Nietzsche a mal à la tête. Il en souffre depuis son jeune âge. Et ces maux de tête deviendront une préoccupation de tous les jours. Ils iront en s'aggravant, jusqu'à ce qu'il perde la tête, précisément, et définitivement.

Sa tête est malade et tout son corps est faible. Cette maladie, il l'identifie à la maladie du monde, à cet affaiblissement délibéré, pour ne pas dire fanatique, qui est à la source du christianisme. Ainsi, la religion des chrétiens, et c'est la sienne, devient la nature et la cause de son dépérissement : *Cette sainte infirmité, la foi.*

C'est à bout de forces, en un temps compté et dans une solitude presque totale, qu'il s'acharnera à en guérir. En vain.

À Turin, peu de temps avant de devenir fou, il a achevé en neuf jours la rédaction de *L'Antéchrist*, dans lequel il déclare : *Quiconque a du sang de*

... À COUP DE MARTEAU

théologien dans les veines ne peut, a priori, *qu'être de mauvaise foi...*

Étant fils de pasteur, il n'ignore rien de cette *calamité* et de cette *intoxication* — ce sont ses termes — dans lesquelles il baigne depuis sa naissance. Au hasard de ses écrits posthumes, il a des mots terribles : *Je suis quelqu'un qui regarde vers le bas, quelqu'un qui doit bénir : tous les bénisseurs ont les yeux baissés...*

Nietzsche est Allemand, Nietzsche est protestant. Et c'est un protestant *luthérien.*

S'il méprise volontiers l'Allemand qui est en lui, quitte à le nier en s'inventant une origine dans la noblesse polonaise, il n'avoue qu'à demi-mot ce pur sang luthérien qui coule dans ses veines. Il lui est douloureux d'être à la fois ce fils capable d'aimer son père pasteur par-delà la mort et cet ennemi absolu du christianisme. Pourtant, il ne rechigne pas à la contradiction. Il tue Dieu de ses propres mains ; d'abord le Dieu des catholiques, le Dieu de Paul, le Dieu des hosties et de l'Immaculée Conception, puis son Dieu à lui, c'est-à-dire le Dieu de son père, le Dieu des Allemands réformés.

Pour Nietzsche, le théologien est coupable du pire, car il a corrompu *par le sang* la philosophie allemande. Et, dans un pays où les gens de lettres sont presque tous fils de pasteurs, devinez qui l'on retrouve sous l'habit de cette même philosophie ? Eh oui : le théologien Martin Luther !

En mettant à nu la morale chrétienne, Nietzsche, selon ses propres termes, a voulu briser l'histoire de l'humanité en deux tronçons. Or, trois siècles avant lui, un petit moine angoissé avait tronçonné cette même histoire en deux morceaux. Ce moine, c'est Luther, lui aussi né en Thuringe, dans cette province où naîtra Nietzsche.

Et qu'a-t-il donc fait, ce moine, pour tronçonner ainsi l'histoire ?

Il a tout simplement abandonné Dieu à son ciel, et à son éternité dépeuplée. Il a laissé ce pur esprit dans l'au-delà de l'esprit. Il l'a laissé à ses jugements, à ses châtiments, à son mauvais œil. Et lui, Martin Luther, est resté seul à errer sur la terre douloureuse, seul, égaré parmi les brebis égarées. Il a pourtant continué à prier, mais pour qui ? Pour Dieu ou pour le diable ? En vérité, il ne l'a jamais su. Parce qu'il n'a jamais cru, sinon en la seule vivacité de son angoisse inguérissable.

Nietzsche n'oublie pas cette première mort de Dieu, cette mort commencée par ce premier fanatique de la Réforme. Il n'oublie pas que, en commettant l'assassinat méthodique et raisonné de

Dieu, Luther a suicidé l'homme, il l'a livré à son propre néant, c'est-à-dire à la solitude moderne. Il ne l'oublie pas et qualifie pathologiquement le protestantisme : c'est l'*hémiplégie du christianisme*.

LA CONDUITE ANTICHRÉTIENNE

Dans ses *Pensées sur les préjugés moraux,* terminées en 1881 et qu'il intitule triomphalement *Aurore*, Nietzsche aborde déjà, sans trop y toucher, le problème de Luther. Car Luther est pour lui un problème, et peut-être un problème aussi viscéral que l'est saint Paul.

En effet, si, pour attaquer le christianisme à sa racine, Nietzsche doit impérativement s'en prendre au pharisien que l'on surnomme l'Apôtre des gentils, il sent que, derrière Paul, Luther n'est pas loin. Il le renifle. Oui, car si Paul est le propagateur d'une *haine mortelle* contre la vie et, paradoxalement, contre la foi chrétienne elle-même, Luther est son fils spirituel.

Paul, cet *esprit aussi superstitieux que rusé,* dut en son temps croire par tous les moyens, y compris par l'incroyable révélation sur le chemin de Damas ; il dut croire pour ne pas se perdre ou,

NIETZSCHE FACE À L'HISTOIRE

comme le dit Nietzsche, *parce qu'il avait besoin d'un objet qui le concentrât et ainsi l'apaisât.*

Luther, lui aussi, eut sa révélation, lorsqu'il fut foudroyé sur le chemin d'Erfurt. Il supplia sainte Anne de le sauver et promit en échange de se faire moine. Son salut n'est dû, en fin de compte, qu'à un marchandage ; et il fut bien incapable de se dévouer ou, pis encore, de simplement *croire.* C'est pourquoi, entre autres motifs, il s'en prit avec autant de violence à la papauté et au clergé.

En Luther, comme en Paul, Nietzsche voit la figure de l'opportuniste, la figure même de l'incroyant, inspiré par la haine de soi et du monde, *avec au corps tous les instincts vindicatifs du prêtre manqué.* Il est l'aveugle qui expose sa vision du monde et conduit son troupeau dans le précipice de la culpabilité.

Nietzsche remarque qu'en se rendant à Rome, *Luther vit la corruption de la papauté alors que c'est le contraire qui crevait les yeux...* C'était en effet la Renaissance, *le triomphe de la vie ! le grand oui à toutes les choses élevées, belles, hardies !*

La Renaissance : voilà ce dont ni Luther ni ses ennemis les catholiques ne veulent. Parce qu'elle signifie l'abolition du christianisme. Alors, devant la menace soudaine, que fait Luther ? Il attaque violemment l'Église pour mieux la réformer et, du coup, comme le souligne Nietzsche, il fera de la Renaissance *un événement dépourvu de sens, un événement pour rien !*

Il fallut presque trois siècles pour redécouvrir, par l'intermédiaire des savants arabes, toute la grandeur de l'Antiquité grecque, trois siècles pour que nous soient enfin restitués cette philosophie, ces sciences et cet imaginaire inimaginable pour un chrétien de stricte obédience. Et il ne fallut que quelques années à peine pour réduire à néant ces grandes retrouvailles.

La Réforme venue d'Allemagne a contribué à détruire la Renaissance, car, loin d'être en désaccord, catholiques et protestants ont livré un même combat contre ce renouveau d'une culture résolument païenne. En la tuant, ils ont restauré le christianisme. Et Luther, en définitive, n'est pas étranger à ce funeste exploit. Il est arrivé à temps au chevet de sa religion malade. Il l'a sauvée, mais à quel prix ? Eh bien, en se rendant lui-même malade, c'est-à-dire définitivement angoissé. Et cette angoisse nouvelle, cette solitude absolument moderne, le laisse bouche bée devant Dieu. Il est incapable de confession, incapable de piété. Il rumine sa foi comme de l'herbe, et l'on dirait presque de cette nourriture spirituelle qu'elle a pris un goût de métaphysique. Dans les dernières pages de *L'Antéchrist*, Nietzsche dira, à propos du protestantisme : *C'est bien là l'espèce la plus malpropre de christianisme qui soit, la plus incurable, la moins facile à réfuter...*

SUIS-JE SI PROTESTANT ?

Avec la Réforme qui s'insinue partout, l'imaginaire et les mœurs qui s'étaient exprimés à la Renaissance sont désormais frappés d'interdictions. La morale chrétienne peut maintenant révéler tout son suc, à savoir sa haine criminelle pour toute vie sexuelle, en prônant le dégoût et la mortification du corps. Et c'est, bien entendu, la femme qui va payer d'abord, puisqu'elle est à l'origine biblique du Mal. Ne porte-t-elle pas tous les attributs de la tentation : ses cheveux, sa poitrine, ses hanches, ses jambes, jusqu'à la moindre partie de sa peau ?

Ici encore, Réforme et Contre-Réforme ne font qu'une seule et même morale ; et l'on voit les protestants allemands emprunter à leurs pires ennemis catholiques de quoi châtier les femmes. C'est en effet grâce à l'austère mode espagnole que la Réforme va imposer son idéal féminin : une femme déféminisée, au corps dissimulé sous une robe plus longue que les jambes, avec des chaussures à hautes semelles, suffisamment inconfortables pour l'empêcher de danser. Dès l'adolescence, on prendra soin d'aplatir sa poitrine au moyen de petites plaques de plomb tenues sous un bandage serré. Ainsi, *empêcher que les pucelles aient les seins trop gros* deviendra vite une des premières prérogatives des manuels d'instruction familiale, très en vogue chez les paysans allemands. Il ne restera qu'à jeter sur les bûchers les femmes aux décolletés profonds, aux chevilles dénudées ou à la chevelure en désordre.

Sexualité et sorcellerie seront longtemps indissociables dans l'imaginaire punitif du chrétien, qu'il soit catholique ou protestant.

Davantage que par la confession spectaculaire, c'est par sa rigueur morale sournoise que la Réforme est devenue contagieuse et s'est répandue jusque dans les certitudes du catholicisme. Mais si les bien-pensants de la nouvelle église sont passés maîtres dans l'art d'accommoder les interdits sexuels, c'est peut-être que leur fondateur Martin Luther avait lui-même tout à se reprocher, à commencer par le fait de s'être entiché d'une nonne de vingt-six ans, qu'il épousa et qui lui donna six enfants — non sans qu'il ait qualifié auparavant le mariage de *sacrement merdeux*.

Luther est un grand défroqué — et un défroqué coupable qui, après avoir fait vœu de chasteté, après s'être ensuite marié, voit l'œil du diable dans le sexe de sa femme. D'ailleurs, le diable, il le voit partout. Il couche avec toutes les nuits et mourra suicidé dans ses bras.

Comme Dieu, le mal agit en nous sans prévenir. Il n'a pas de temps ni de lieu déterminés. Toute la morale protestante est fondée sur cette incertitude, et c'est pourquoi la culpabilité est ici comme un poisson dans son eau stagnante.

Le protestantisme a descendu le Jugement dernier de son ciel ; il l'a mis dans toutes les têtes — et à portée de toutes les bourses, puisqu'il n'y a plus de prix à la rémission des péchés.

Cela, Nietzsche était bien placé pour le savoir. Pourquoi donc ne l'a-t-il pas dit, redit et martelé ?

NIETZSCHE DÉCOUVRANT SON ŒDIPE

Nous tendons toujours aux choses défendues et convoitons ce qui nous est interdit. En soulignant cette phrase de *L'Art d'aimer* d'Ovide, dans l'avant-propos de *Ecce Homo*, Nietzsche se parle à lui-même.

Admettons que tout père se nomme Laïus et fait un jour ou l'autre obstacle à son fils sur l'étroit chemin qui mène à Delphes. Admettons que, pour un fils, le préalable à toute survie soit le meurtre symbolique de son père. En acceptant ce préalable, comment un fils dont le père a disparu prématurément peut-il commettre ce meurtre symbolique ?

Un orphelin de père ne peut tuer son père, c'est certain. Tuer un père vivant n'est pas facile, alors comment tuer un père déjà mort ?

Tout orphelin de père est privé de meurtre, de la même façon qu'on le prive de dessert pour le punir. C'est une terrible punition, car il ne sait pas *qui* le punit, *qui* a décidé de faire mourir son père : est-ce le destin ? est-ce Dieu ?

Les orphelins meurent de ce mystère, et leur propre mort leur semble plus intelligible que cette mort tout à fait extérieure à eux — cette mort étrangère. La disparition prématurée du père les laisse seuls. Ils ne sont pas seulement seuls parce qu'ils sont privés de leur père, mais parce qu'ils sont privés de son meurtre symbolique.

Nous pouvons discuter de ce meurtre, de son bien-fondé, de sa justification, de sa fatalité ; mais, pour celui qui est forcé de s'en abstenir, quelque chose *manque*. Ce n'est pas seulement l'absence du père qui accable l'orphelin : c'est l'impossibilité de le tuer, et l'impossibilité d'envisager ce meurtre.

Lorsque Nietzsche promulgue sa *Loi contre le christianisme*, il dénonce le prêtre comme étant l'espèce d'homme la plus *vicieuse* qui soit. Et il renchérit : *Contre le prêtre, on n'a pas de raisonnements, on a les travaux forcés.*

Dès lors que son père exerçait le métier de pasteur, ne rêve-t-il pas soudain de le tuer ? Ne doit-il pas tuer son père pour tuer le prêtre qui est en lui ? Cela lui est impossible puisque son père est mort. Nietzsche ne peut que se tuer lui-même pour tuer son père ; et, en se tuant, il ne fait que tuer un père déjà mort. Est-ce à dire que Nietzsche va mourir de ne pouvoir tuer son père ?

Pour le moins, ce meurtre impossible, même déguisé en suicide, le rend malade. Il entrevoit pourtant une issue : puisqu'il ne peut tuer son père, il va tuer la *raison de vivre* de son père, et cette raison de vivre n'est autre que Dieu lui-même, le bien nommé Dieu le Père. Ainsi, en tuant le Père de son père mort, Nietzsche va tuer son propre père *par procuration*. Il va perpétrer son crime, non pas à coups de couteau ou de marteau, mais à coups de Grecs, et de tragédie originelle, à coups d'Eschyle, d'Héraclite et, tant qu'à faire, de Schopenhauer.

Décidément, le crime est désespéré.

Puisque par son éducation Nietzsche est incapable de confidence, incapable d'introspection, il va s'en tenir à l'expression des *idées* — quoi qu'il en dise lorsqu'il se réclame *psychologue* plutôt que philosophe. S'il daigne parler de lui, c'est toujours sur un mode parodique. Il veut bien prendre sur son dos la douleur du monde, à condition que celle-ci ne dévoile surtout pas sa douleur intime et secrète. Ce faisant, il laisse sa blessure saigner au-dedans de lui et ne parvient ni à l'apaiser ni à lui donner un nom. Pourtant, elle en porte un. Elle s'appelle *protestantisme*.

En brossant son autoportrait, Nietzsche accumule les difformités flagrantes de l'homme chrétien protestant : il s'interdit *toute riposte, toute mesure de protection, et toute défense, toute « justification »*. Il esquive le conflit, quitte à tendre l'autre joue. Son précepte : *J'envoie un pot de confiture pour me débarrasser d'une histoire qui tourne à l'aigre...* Et il se flatte encore de son instinct de propreté, de son honnêteté, de cette froide distance qui lui fait dire : *Le sentiment d'humanité n'est chez moi qu'une continuelle victoire sur moi-même.*

Pourquoi je suis si sage, Pourquoi je suis si avisé, Pourquoi j'écris de si bons livres, Pourquoi je suis un destin, tels sont quelques-uns des titres des chapitres de *Ecce Homo* ; il aurait pu ajouter : *Pourquoi je suis si protestant.*

En tirant à boulets rouges sur le christianisme, Nietzsche a manqué sa véritable cible : le pasteur luthérien qu'était son père. En réalité, il a tué Dieu pour ne surtout pas tuer son père.

Et voilà que la mort de Dieu laisse comme un grand vide. Mais ce n'est pas son absence qui se fait sentir : c'est l'absence du véritable cadavre. Nietzsche ne peut que se rendre à l'évidence : la tombe de son père reste désespérément vide, pour la bonne raison que le meurtre n'a pas été commis.

Et, devant ce meurtre à tout jamais interdit, il n'a plus qu'une solution : mourir à côté de la mort, c'est-à-dire perdre la raison, sachant que sa vie ne fut, selon ses mots, qu'une *variété de la mort, et une variété très rare*.

AU BORD DE LA DOULEUR

Vingt-cinq ans ont passé depuis ma première lecture de Friedrich Nietzsche. Je relis encore quelques pages de ses livres, pour le plaisir. Curieux, ce *plaisir* : Nietzsche lui-même n'était ni plaisant ni gai, mais ses écrits sont si pleins d'exaltation qu'on y trouve presque de la joie. Chacun peut en faire son miel, comme nous y incite d'ailleurs tout destructeur de systèmes — ou tout improvisateur. Je ne sais pas si les livres de Nietzsche sont vraiment lus. Je ne sais pas qui les lit, et pourquoi, et comment. En revanche, il est certain que sa figure, *sauvage et passionnée*, a pris le dessus sur sa philosophie. La solitude, le dépit amoureux, la folie : tout concourt à fasciner. Pour ma part, j'ai découvert ses livres en ignorant l'importance de son drame. Ce n'est que plus tard, et je dirais beaucoup plus tard, en 1995 à Turin, que j'ai saisi à quel point son écriture était, comme

LE CHEMIN DES ŒDIPIENS

on dit, trempée à l'encre de sa vie. J'ai tenté de lire un peu plus entre ses lignes, dans ses non-dits, ses feintes, ses contradictions, pour y entendre *une seconde voix, cette voix silencieuse qu'il ne pouvait réduire au silence*, comme l'a noté Heinrich Mann. J'ai relu Nietzsche en tendant l'oreille à sa douleur. Et ses écrits m'ont parlé autrement. À cela se sont ajoutés les témoignages, les lettres, les biographies. Lorsque Paul Deussen et sa femme ont rendu visite à Nietzsche, en 1887, à Sils-Maria, il avait composé un requiem pour son propre enterrement ; il leur confia : *Je traverse maintenant les années où mon père est mort, et je sens que je succomberai au même mal que lui.*

Plus jeune, on m'envoya l'été près de Bordeaux dans une sorte de « camp de travail » pour adolescents. La plupart d'entre nous étaient orphelins, de père, de mère ou des deux, et certains venaient des orphelinats voisins, qui ressemblaient à des maisons de correction. Nous travaillions dur toute la matinée, et nous avions le champ libre l'après-midi — ces longues après-midi à tuer le temps sous le ciel étouffant, au milieu des mouches qui nous mangeaient les nerfs. Nous étions de la graine de voyou, et même de vrais voyous capables de forcer des serrures, de vider et de casser des maisons.

Nous sentions fort l'odeur des tribunaux pour mineurs, et c'était un sujet de vantardise. Tout ce que l'on disait mauvais nous semblait bon, quant à la bonté...

Je nous revois tous, avec nos petits cheveux en brosse, nos faux airs de durs, la cigarette au bec, à traîner sur les bords d'une pauvre piscine municipale, chicanant les filles, les gardiens et tout ce qui n'était pas de notre monde mauvais.

Je nous revois et je sens encore ce qui nous tenait ensemble, comme si nos veines étaient attachées et palpitaient à un même cœur : la mort d'un père ou d'une mère nous rendait chauds d'une même chaleur, et froids d'une extrême froideur. Mais personne, je dis bien personne, n'évoquait cette mort. Elle nous était interdite. Il aurait fallu une pioche pour creuser un peu dans notre silence ; et, bien entendu, aucun d'entre nous n'avait la hardiesse d'en frôler le manche.

Parce que nous n'avions pas de mot pour ce chagrin qui hurlait en nous, parce que nous ne savions pas lui donner un peu d'estime, nous ne nous estimions guère.

Nietzsche est mort avant d'avoir pu estimer toute sa douleur. C'est en ne la lisant pas dans ses livres que j'ai lu la mienne, cachée dans le creux de ses lignes. Combien de temps faut-il pour gagner pareille estime ? Pascal répondrait, sans plaisanter : *Un temps proportionné à notre durée vaine et chétive.*

SOURCES PRINCIPALES

Friedrich Nietzsche
Œuvres philosophiques complètes, TOMES I À XIV
Paris, Gallimard, 1971

Friedrich Nietzsche
Écrits autobiographiques, 1856-1869
Paris, PUF, 1994

Friedrich Nietzsche
Lettres
Paris, Stock, 1931

Friedrich Nietzsche
Lettres à Peter Gast
Paris, Christian Bourgois, 1981

Friedrich Nietzsche
Dernières lettres
Paris, Rivages, 1989

Nietzsche, Rée, Salomé
Correspondance
Paris, PUF, 1979

*La vie de Frédéric Nietzsche
d'après sa correspondance*
Paris, Rieder, 1932

Daniel Halévy
Nietzsche
Paris, Grasset, 1944

Richard Blunck
Frédéric Nietzsche, enfance et jeunesse
Paris, Corréa, Buchet-Chastel, 1955

Curt Paul Janz
Nietzsche, biographie, TOMES I, II ET III
Paris, Gallimard, 1984

Lou Andreas-Salomé
Ma vie
Paris, PUF, 1977

H. F. Peters
Nietzsche et sa sœur Elisabeth
Paris, Mercure de France, 1978

Arno Münster
Nietzsche et le nazisme
Paris, Kimé, 1995

Heinrich Mann
Friedrich Nietzsche
Paris, Gallimard, collection « Le Promeneur », 1995

Franz Overbeck
Souvenirs sur Friedrich Nietzsche
Paris, Allia, 2000

Hans-Georg Gadamer
Nietzsche l'antipode. Le drame de Zarathoustra
Paris, Allia, 2000

Giuliano Campioni
Les lectures françaises de Nietzsche
Paris, PUF, 2001

Paul Deussen
Souvenirs sur Friedrich Nietzsche
Paris, Gallimard, collection « Le Promeneur », 2002

Martin Luther
Œuvres, TOME I À XVII
Genève, Labor et Fides

Martin Luther
Mémoires
Paris, Mercure de France, 1990

Martin Luther
Propos de table
Paris, Aubier, 1932 et 1992

Martin Luther
Écrits
Paris, La Renaissance du livre, 1943

René-Jacques Lovy
Luther
Paris, PUF, 1964

Denise Hourticq
Luther, mon ami
Genève, Labor et Fides, 1964

Dimitri Merejkovski
Luther
Trois-Rivières, Beffroi, 1990

Ivan Goudry
Luther
Paris, La Table ronde, 1991

Lucie Kaennel
Luther était-il antisémite ?
Genève, Labor et Fides, 1997

Yves Delhoysie, Georges Lapierre
L'Incendie millénariste
Paris, Os Cangaceiros, 1987

Ion Peter Couliano
Éros et magie à la Renaissance, 1484
Paris, Flammarion, 1984

Ernest Renan
Histoire des origines du christianisme
Paris, Robert Laffont, « collection Bouquins », 1995

Suétone
Vie des douze Césars
Paris, Gallimard, « collection Folio classique », 1975

Lu Xun
La mauvaise herbe
Paris, Union générale d'éditions et Pierre Ryckmans, 1975

CET OUVRAGE
A ÉTÉ ACHEVÉ D'IMPRIMER
PAR L'IMPRIMERIE FLOCH
À MAYENNE EN AVRIL 2003

N° d'impr. 57020.
Dépôt légal : avril 2003.
Imprimé en France